AUF DEN PUNKT GEBRACHT

Hans-Günter Rolff

SCHULLEITUNG
auf den Punkt gebracht

debus PÄDAGOGIK

Bibliografische Information der Deutschen Nationalbibliothek

Die Deutsche Nationalbibliothek verzeichnet diese Publikation in der Deutschen Nationalbibliografie; detaillierte bibliografische Daten sind im Internet über http://dnb.d-nb.de abrufbar.

In der Reihe „Auf den Punkt gebracht" sind bisher erschienen:

Band 1: Hans-Günter Rolff: Schulleitung auf den Punkt gebracht

Band 2: Kurt Edler: Demokratische Resilienz auf den Punkt gebracht

www.debus-paedagogik.de

www.wochenschau-verlag.de

Programmleitung: Peter E. Kalb
Gesamtherstellung: Wochenschau Verlag
Printed in Germany

Gedruckt auf chlorfreiem Papier
ISBN 978-3-95414-073-2 (Buch)
ISBN 978-3-95414-074-9 (E-Book)

INHALTSVERZEICHNIS

EINFÜHRUNG

„Wir wissen seit einiger Zeit, dass es „gute Schulen ohne gute Schulleitungen nicht gibt“ (Rolff 1993, S. 183). Doch was ist eine gute Leitung von Schulen? Darauf gibt es sicher mehrere Antworten. Besonders anschaulich ist die folgende:

„Ich leite die Schule, wie meine Großmutter kochte“

Die Schulleiterin der Schule Kleine Kielstraße in Dortmund, die den ersten Hauptpreis des Deutschen Schulpreises gewonnen hat, liefert eine besonders anschauliche Antwort: Sie leitet ihre Schule, wie ihre Großmutter früher kochte: „Ich habe Schulleitung immer verglichen mit dem großen Eisenherd meiner Großmutter. Auf diesem mit Kohle befeuerten Herd standen immer viele Töpfe. Der eine musste nur warm gehalten werden, der wurde etwas zur Seite, an eine nicht so heiße Stelle geschoben. Der andere musste stärker kochen, dafür mussten Eisenringe aus der Platte genommen werden; wurde es zu heiß, wurde der Topf vom Feuer genommen. Er musste gerührt, gepfeffert werden. Dieses Bild fällt mir immer ein, wenn ich beschreiben soll, was ich in der Schule tue. Da muss ich auch entscheiden: Einiges hat Zeit, es darf nur nicht ganz abkühlen, einiges muss hochgekocht werden, anderes gesalzen oder auch gesüßt werden, wieder anderes darf auf keinen Fall anbrennen. Und alles muss zur gleichen Zeit im Blick gehalten werden“ (Schultebraucks-Burgkart 2007, S. 2). Hinzufügen könnte man noch, dass Kochen manchmal besonders gut gelingt, wenn man mit mehreren zusammen kocht und gemeinsam das Ergebnis genießt.

Was diese Metapher für Schule leiten heute bedeutet, ist der Gegenstand dieses Mikrobuches.

Schule leiten ist ein unmöglicher Beruf, schreibt ein Bildungsforscher

WAS MEINT ER DAMIT? ETWA DIE QUADRATUR DES KREISES?

Wolfgang Böttcher, ein einfallsreicher Professor für Qualitätsmanagement und Evaluation, bestreitet, dass man in Deutschland eine Schule überhaupt leiten kann. Wenn er Recht hätte, wäre Schulleitung im Sinne von Sigmund Freud ein unmöglicher Beruf. Freud hatte den Lehrerberuf einen Beruf genannt, den man unmöglich aufgabengerecht ausüben könne. Böttcher führt folgende Argumente an „Ein paar schlichte Fragen lassen Zweifel aufkommen: Über welche finanziellen Mittel verfügt die Führung? Hat sie die Möglichkeit zum Gestalten angesichts teilweise minimaler Freistellungen, enger Beschränkungen bei der Personalrekrutierung, noch größerer Hindernisse bei der Personalentwicklung, einschließlich der Etablierung von Belohnungssystemen? Hat die Leitung die Möglichkeit, gemeinsame Organisationsziele verbindlich zu formulieren, Grenzen zur Umwelt in förderlicher Weise zu definieren, die Komplexität sozialer Interaktion organisationskompatibel zu gestalten? Kann sie die Struktur einer Organisation verbindlich gestalten? Welche Instrumente hätte sie, das Glaubens-, Werte- oder Einstellungssystem, das die Struktur und die Aktivitäten der Organisation stützt, zu verändern? Gehen wir noch ein Stück weiter und betrachten kurz die Personalstruktur: Schulen sind monoprofessionelle Einrichtungen. Für die vielfältigen pädagogischen Aufgaben, die über das Fachliche hinausgehen, sind Lehrkräfte zuständig – kaum Sozialpädagogen, kaum Moderatoren, kaum Psychologen, kaum Bildungsberater, kaum Pädagogen mit besonderem Wissen über die Förderung von Kindern mit Lernschwierigkeiten. Mit den neuen Aufgaben, die mit dem Management der autonomen Schule verbunden sind – Rechenschaftslegung, Selbstevaluation, Qualitätsentwicklung, Personalentwicklung, Kooperation mit Eltern, Moderation –, wird der Beruf des Lehrers zusätzlich belastet. Auch hier werden keine neuen Funktionsstellen geschaffen, die dazu führen könnten, dass die Organisation ihre vielfältigen Aufgaben kompetent bewältigen kann. Zusammenfassend: Die Schule ist schon deshalb keine kompetente Organisation, weil sie zur Gestaltung ihres Kerngeschäftes, des Unterrichts, kaum über die Instrumente verfügt, die die Akteure auf verbindliche gemeinsame Ziele und Methoden ausrichten könnten: Der Unterricht bleibt *Lehrersache*, also eher individuell als *organisiert*. Sie kann auch deshalb keine kompetente Organisation sein, weil sie kaum Möglichkeiten hat, die zentralen Ressourcen – Geld, Zeit, Personal – zu steuern" (Böttcher 2012, S. 39).

Diese Argumente sind provokativ. Sie laufen darauf hinaus, Schulleitung für eine Art Quadratur des Kreises zu halten, die nach Auffassung der klassischen Mathematiker unmöglich ist. Sie verdienen es also, ernst genommen und diskutiert zu werden. Zunächst soll überprüft werden, was die Forschung zu der Behauptung sagt, Schulleitung hätte keinen Einfluss auf den Unterricht der Lehrpersonen und die Schülerleistung.

Auf die Lehrkräfte kommt es an – auf die Schulleitung aber auch.

WIRKSAMKEIT VON SCHULLEITUNG – EIN FORSCHUNGSBERICHT

Der Einfluss der Schulleitungen auf Schülerleistungen war lange ein umstrittenes Thema in der Schulforschung. Holländische Bildungsforscher im Umkreis von Jaap Scheerens hielten ihn für so gering, dass er nach Ihren Analysen gar nicht vorhanden war (Korrelationskoeffizient von r = 0.01). US-amerikanische Forscher um Robert Marzano kamen dagegen zu dem Schluss: „Ein hocheffektiver Schulleiter kann einen dramatischen Einfluss auf die Schülerleistungen insgesamt ausüben" (Marzano et al. 2005, S. 41).

Die auffällige Diskrepanz der Ergebnisse mag daran liegen, dass der Einfluss der Schulleitung durch das Aufkommen von Schulentwicklung in den letzten Jahren größer geworden ist, jedenfalls größer, als Böttcher vermutet. Sie ist wahrscheinlich dadurch zu erklären, dass neuere Untersuchungen nicht wie noch Scheerens von einem direkten Einfluss der Schulleitungen ausgehen (es sind ja die Lehrkräfte und nicht die Schulleitungen, die das Gros des Unterrichts bewerkstelligen), sondern von einem indirekten, vermittelten Einfluss, wie eine neuere Untersuchung von Leithwood und Louis eindrucksvoll belegt.

Die wichtigsten Ergebnisse sind die folgenden:

- Schulleitungen haben die stärkste Einwirkung auf Verbesserung der Schülerleistungen durch ihren Einfluss auf die Motivation der Lehrkräfte und die Gestaltung deren Arbeitsplätze.
- Kooperative Führung hat einen stärkeren Einfluss auf Schülerleistungen als „individualisierte" Führung.
- Besser abschneidende Schulen gewähren den Lehrerteams, Eltern und Schülern mehr Gestaltungs-Einfluss als schwach abschneidende Schulen.

- Schul- und Behördenleiter haben in allen Schulen den stärksten Einfluss auf Entscheidungen und – das ist ein besonders interessantes Ergebnis – sie verlieren nicht an Einfluss, wenn andere Akteure in der Schule an Einfluss dazugewinnen.
- Führungshandeln, das sich explizit auf Verbesserung des Unterrichts bezieht, hat signifikanten (d. h. statisch gesicherten) und direkten Einfluss auf die Arbeitsbeziehungen der Lehrkräfte und indirekten Einfluss auf die Schülerleistungen.
- Wenn Schulleitung und Lehrpersonen gemeinsam zu führen versuchen, sind die Arbeitsbeziehungen besser und die Schülerleistungen höher.
- Positiver Einfluss des Führungshandelns auf Schülerleistungen geschieht hauptsächlich, wenn Schulleitungen professionelle Lerngemeinschaften initiieren und stärken (davon später mehr).

Leithwood/Louis erinnern daran, dass eine Menge von Praktiken zum Repertoire von Führungshandeln gehören, die sie zu vier Kern-Komponenten verdichten, nämlich

- die Richtung zu bestimmen (zusammen mit anderen Akteuren),
- Personen dabei zu unterstützen, sich weiter zu entwickeln,
- die Organisation ihrer Schule zu gestalten bzw. umzugestalten,
- und vor allem: den Unterricht zu verbessern, auch durch Entwicklung eines konsistenten Gesamtkonzepts.

Die Autoren kommen schließlich zu dem Ergebnis, dass die Einwirkung von Schulleitungen auf die Schülerleistungen indirekt, aber erheblich ist, und dass sich dabei das Führungsverständnis wandelt: vom heroischen Führer zur kontextuellen Führerschaft (Leithwood/Louis 2010, S. 228).

Kein Bildungsforscher hat in den letzten Jahren so viel Furore gemacht wie John Hattie aus Melbourne/Australien. In seinem Buch „Visible Learning“ aus dem Jahr 2009 (deutsch 2013) hat er herausgearbeitet und belegt, dass die effektivste Einwirkung auf die Schülerleistungen durch das Lehrerhandeln geschieht. „Auf die Lehrer kommt es an“, lautet denn auch die populäre Fassung dieses Ergebnisses.

Aber auch auf die Schulleitung kommt es an, wie Hattie selbst belegt. Er veröffentlichte in 2015 für das Februarheft der US-amerikanischen Schulleitungs-Zeitschrift „Educational Leadership" eine spezifische Meta-Analyse (analog zu seiner Lehrerstudie) zur Wirkung von Schulleitungshandeln auf die Schülerleistungen. Sein zentrales Ergebnis ist wiederum, diesmal aber stärker ausdifferenziert und in Handlungsempfehlungen umgesetzt, dass der Impact von Schulleitungen auf Schülerleistungen bemerkenswert groß ist, wenn diese instruktional führen. Der Impact, also die Einwirkung, wird von Hattie über die Effektstärke (d) gemessen. Sie ist bedeutsam, wenn sie größer als der Durchschnittswert d=0.40 ist.

Nach Hattie ist der Impact transformational führender Schulleitungen d=0.11 und der der instruktional führenden d=0.42. Hattie nennt das einen „ganz großen Unterschied" (Hattie 2015, S. 38). Er fügt hinzu, dass transformationale Schulleitungen eher auf die Lehrkräfte fokussieren und instruktionale mehr auf die Schülerinnen und Schüler (zu den Begriffen siehe unten).

Generell stellt Hattie fest, dass die Wirkung von Schulleitungshandeln auf die Leistung von Schülern nicht direkt ist (was ja auch nicht verwundert, weil Schulleitungen kaum, wenn überhaupt unterrichten), sondern indirekt über Formate von Schulleitungshandeln geschieht, die Hattie im Einzelnen nennt und auch mit Effektstärken gewichtet:

Schulleitungshandeln	Effektstärke (Ø=0,40)
Leitungen, die davon überzeugt sind, dass ihre Hauptrolle in der Evaluierung ihres Impacts besteht	**(d=0.91)**
Leitungen, die alle Lehrpersonen eines Kollegiums davon überzeugen, ebenfalls ihren Impact zu evaluieren	**(d=0.91)**

Leitungen, die in einer Umgebung agieren, die wirksames Lernen und Unterrichten „privilegiert“	**(d=0.84)**
Leitungen, die den Lehrern und Schülerinnen und Schülern explizieren, wie Erfolg aussieht	**(d= 0.77)**
Leitungen, die Niveaus der Lernerwartungen definieren und nicht einfach sagen „tut euer Bestes“	**(d= 0.57)**

Hattie folgert aus diesen Ergebnissen fünferlei. Schulleitungen sollten

- mit Fehlern locker umgehen und sie als Lernchance begreifen, was Feedback voraussetzt,
- Lehrerkooperation fördern,
- Lehrkräfte als Promotoren sichtbaren Lernens verstehen,
- Lehrkräfte zum Experimentieren mit neuem Lernen anregen,
- Lehrkräfte dabei beobachten, wie sie auf Schülerlernen einwirken, ohne sie gleich dabei zu beurteilen.

Kritisch wäre anzumerken, dass Hattie in der Schulleitungs-Studie genau wie in der Lehrerstudie nur Einzelfaktoren untersucht, aber kaum das Zusammenwirken von Faktoren, das aber vermutlich entscheidend ist. Immerhin behandelt er nicht nur Variablen des Führungshandelns, sondern auch Führungskonzepte (instruktionale und transaktionale Führung).

Dass „transformationale Führung“ kaum Einfluss auf die Schülerleistungen hat, ist kaum verwunderlich. Denn die „transformatorische Führung“ ist ursprünglich ein Management-Konzept, das im Organisationsbereich der Schule gut wirkt, aber kaum auf die Lernleistungen der Schülerinnen und Schüler gerichtet ist. Was folgt daraus? Forscher, Praktiker und Behörden sollten sich in Zukunft mehr an instruktionaler Führung orientieren und den Begriff der Instruktion zu einem holistischen, d. h. ganzheitlichen Verständnis von Lernen erweitern.

Wenn die Begriffe nicht klar sind,
sind auch die Dinge nicht klar.

BEGRIFFE VON SCHULLEITUNG

In Theorie und Praxis von Schulleitungshandeln existieren unklare Begrifflichkeiten, die zum Teil verwirren:

Leitung und Führung sowie Führung und Leadership sind die dominierenden Begriffspaare. Steuerung und Governance kommen seit einiger Zeit hinzu. Durchgehend etabliert in Wissenschaft und Politik ist das Begriffspaar Führung und Management.

Schulleitungen üben unbestritten Leitungstätigkeiten aus. Leitung der Schule ist dabei der Oberbegriff. Er enthält vor dem Hintergrund der neueren Diskussion in der Wissenschaft (Fullan 2015, Grogan 2013, Rolff 2010) drei Unterbegriffe, nämlich Führung, Management und Steuerung. Sie sollen im Folgenden begründet und expliziert werden. Sie erscheinen alle drei auf den ersten Blick in additiver Form. Die einführende Klärung des Grundverständnisses hat deshalb auch die weitere Funktion, den Gesamtzusammenhang, holistische Leitung genannt, aufscheinen zu lassen.

Führung

Man kann Führung als Leitkategorie betrachten und deshalb die Darstellung des Leitungskonzepts auch mit Analysen und Hinweisen zu Führung beginnen.

Mit Dubs kann man Führung verstehen „als ziel- und ergebnisorientierte, aktivierende und wechselseitige soziale Beeinflussung zur Erfüllung gemeinsamer Aufgaben in und mit einer strukturierten Arbeitssituation ... Führung ist eine absichtsgeleitete soziale Beeinflussung von Mitarbeitenden in einem sozialen System, um bestimmte Ziele ... zu erreichen“ (Dubs 2016, S. 103).

Dabei wird zwischen personal-interaktiver und strukturell-systemischer Führung (Wunderer 2005, S. 5) oder direkter und indirekter Führung unterschieden. Damit ergibt sich eine Ellipse der Führung mit zwei Brennpunkten:

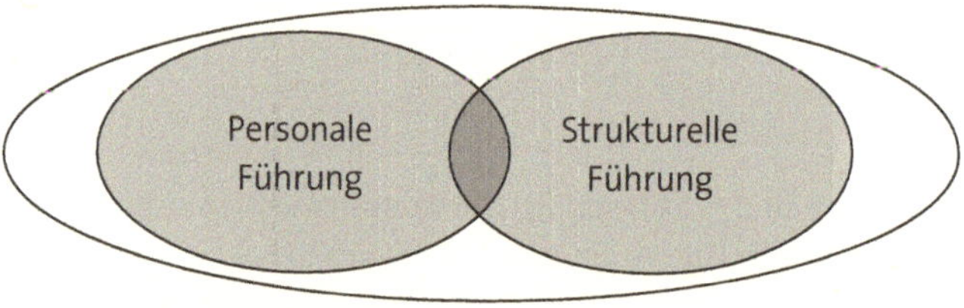

Abb. 1: Ellipse der Führung

Personal-direkte Führung hat die unterschiedlichsten Ausprägungen, sie bezieht sich aber immer auf einzelne Personen. Das Spektrum reicht von Anregungen und Hinweisen der Führungsperson bis zur Auftragsvergabe und Anweisung. Da Führung nur dann wirksam ist, wenn Personen sich auch führen lassen, besteht hier das Problem, dass Anweisungen unterlaufen werden können und Aufträge der Interpretation unterliegen, die unterschiedlich sein kann. Zudem gehört zu einer intensiven Auftragserfüllung Motivation, die zwar gefördert, aber nicht verordnet werden kann.

Es gibt Hinweise, die besagen, dass sich Lehrpersonen besonders ungern führen lassen u. a. weil sie sich auf eine professionelle Ausbildung berufen, die sich hinsichtlich der für sie vorrangig wichtigen pädagogischen Funktion von der der Führungskräfte kaum unterscheidet, und sie aus dem Studium wissen, dass zur Ausübung eines pädagogischen Berufs ein gewisses Maß an Autonomie gehört (Grogan 2013, S. 317 ff.). Hinzu kommt der in Lehrerkollegien in aller Welt verbreitete Mythos von Gleichheit, der traditionell Leitungspersonen als eine der ihren definiert, als Primus oder Prima inter Pares. Zudem sind Lehrpersonen in Deutschland und Österreich verbeamtet und damit entfällt faktisch die stärkste Sanktionsmöglichkeit von Führungspersonen, die Entlassung von Mitarbeitern.

Dabei hört man immer wieder von Führungskräften außerhalb der verbeamteten Berufe die Behauptung, dass Führungskräfte, die Mitarbeiter nicht entlassen könnten, diesen ausgeliefert wären und damit gar keine „echten“ Führungskräfte seien. Umgekehrt kann eingewandt werden, dass „wirksame“ Führung nicht auf Anordnung und Ausübung von Zwang beruht, sondern auf Überzeugungskraft und Vorbild. Wie immer man argumentiert, gewiss ist, dass die Führung in und von Schulen besondere Anforderungen stellt. (Zu Gemeinsamkeiten und Unterschieden von Führung in Schule und Wirtschaft vgl. Kempfert 2016.)

Führung wird wirksamer, wenn professionelle Führungsmittel eingesetzt werden. Damit sind neben strategischen (etwa Portfolio-Konzeption) die operativen Instrumente (wie Management-by-Techniken) und vor allem Mitarbeitergespräche und Zielvereinbarungen gemeint. Zielvereinbarungen zwischen Schulleitungen und Lehrkräften sind immer noch relativ selten im deutschsprachigen Raum. Sie sind auch durchaus voraussetzungsvoll: Sie sollten statt durch eine einseitige Zielvorgabe mit einer Realisierbarkeitsprüfung durch die Mitarbeiterin/den Mitarbeiter „auf Augenhöhe“ (also nicht von oben nach unten) geschehen, verschriftlicht werden, sich auf Ziele und nicht auf Maßnahmen beziehen und in ihren Auswirkungen regelmäßig überprüft werden. Personale Führung heißt in erster Linie, sich um die Qualität des beruflichen Handelns der Lehrkräfte zu kümmern.

Strukturelle Führung ist nicht die Alternative zur personalen, sondern deren notwendige Ergänzung. Strukturelle Führung erfolgt über Struktursetzungen wie Organigramme, Geschäftsverteilungspläne, Zuständigkeitsregelungen, Leistungsverträge oder Projektbeschreibungen. Zielvorgaben gehören auch dazu. Strukturelle Führung bezieht sich vor allem auf den Aufbau einer Binnengliederung der Schule, die auch „Innenarchitektur“ genannt wird. Die wichtigsten Strukturelemente neben der Organisation der Information und Kommunikation sind: Klassenteams, Jahrgangsstufen und Schulstufen, Fachgruppen bzw. -konferenzen und (in berufsbildenden Schulen) Bildungsgangkonferenzen.

Fachkonferenzen können bereits heute in vielfacher Hinsicht

in die Führung ihrer Schule miteinbezogen werden, ohne dass dies durch ministerielle Erlasse geregelt ist oder auf direkt personale Weise geschieht. So ist es auf der Grundlage einer durch Leitung und Konferenzbeschluss vereinbarten Rahmenregelung ohne weiteres möglich, sich gegenseitig im Unterricht zu besuchen oder in die Zuteilung der Klassen einbezogen zu werden. Auch die Integration von neuen Kollegen muss nicht speziell verordnet werden, sondern kann im Rahmen dieser Praxis in der Fachgruppe von einer erfahrenen Lehrkraft übernommen werden. Gleiches gilt bei der Neueinstellung, bei den Vertreterinnen und Vertretern der Fachgruppen, die beim Auswahl- bzw. Vorstellungsgespräch anwesend sein sollten.

Verteilte Führung

Schule ist so schwierig und wichtig geworden, dass sie niemand mehr allein leiten sollte (und wohl auch nicht könnte, ohne ein Burnout zu riskieren). Das bedeutet für Führung, dass sie verteilt werden muss. Verteilte Führung (distributed leadership) ist ein aktuelles Thema in der internationalen Schulleitungsdiskussion. Bei Hargreaves und Fink z.B. heißt es: „Die Annahme, organisationale Intelligenz könne durch eine einzelne Führungsperson verkörpert werden, trägt das Risiko mangelnder Flexibilität in sich und erhöht damit die Wahrscheinlichkeit von Fehlentscheidungen und -handlungen (...). Aus diesen Gründen zielen immer mehr Bemühungen darauf, die einzelne Führungsperson durch distributed leadership – durch stärker verteilte Führung zu ersetzen. Dieser Führungstyp umfasst ein Beziehungsnetzwerk von Personen, Strukturen und Kulturen (...). Er ist nicht bloß eine Rolle, die einer Person in einer Organisation zugewiesen wird. Distributed leadership ist eine organische Aktivität, die sich auf Beziehungen und Verbindungen stützt" (Hargreaves/Fink 2006, S. 24).

Verteilte Führung bringt weitere Personen über die Schulleiterin bzw. den Schulleiter hinaus in Führungsfunktionen; Personen, die schon leiten können oder es von der Schulleiterin bzw. dem Schulleiter lernen.

Die Schulleiterin und der Schulleiter sind Chefin bzw. Chef.

Sie stehen in der Mitte eines Beziehungsnetzes, in dem sie die Letzt- bzw. Gesamtverantwortung tragen. Es kommt die „Erweiterte Schulleitung" hinzu, die die Abteilungsleiter oder – je nach Schulform – die Stufenleiter in Führungsverantwortung bringt. Stellvertreter gehören selbstverständlich auch dazu. Wenn es didaktische Leiter (wie in Gesamtschulen) oder Verwaltungsleiter (wie in etlichen Schweizer Gymnasien und Berufsschulen und den deutschen Auslandsschulen) gibt, gehören diese auch zur „Erweiterten Schulleitung". Zur Führung einer Schule, allerdings eher im Sinne von Mitwirkung bzw. Mitbestimmung und ohne dass dafür Funktionsstellen vorgesehen sind, gehören auch die Lehrerkonferenz und die Schulkonferenz.

Zur konsequenten Aufteilung von Führung passt schließlich die Übertragung von Führungsaufgaben auf die Vorsitzenden der großen Fachgruppen wie Deutsch oder Mathematik usw. Dieses „Aufbauen" der Fachgruppen ist verhältnismäßig neu und eindeutig die Aufgabe der Schulleiterin bzw. des Schulleiters. Sie schaffen – metaphorisch gesprochen – eine Innenarchitektur: Er stärkt die Fachschaften und verknüpft sie miteinander zur Konferenz der Fachgruppen, die ein- oder zweimal pro Jahr unter seiner Leitung tagen (auch in Grundschulen).

Verteilte Führung wird nur dann ein Erfolg für gute schulische Arbeit und eine Erleichterung für die Schulleiter, wenn es gelingt, die passenden Personen in die sich ausdifferenzierenden Funktionen zu bringen. Das ist bei Abteilungs- oder Stufenleitern ein bekanntes Thema, bei den Fachkonferenzen allerdings eher neu. Denn die (manchmal auch Sprecher oder Vorsitzende genannten) Leiter der Fachkonferenzen müssen die Führungsrollen erst einmal annehmen und erlernen, und, nicht weniger entscheidend, die anderen Lehrkräfte müssen sie akzeptieren. Heute verstehen sie sich häufig als Verwalter einer Position, die pflichtgemäß abwechselnd besetzt wird und die angesichts dieser eingeschränkten Aufgabensicht bewusst wenigen Geschäfte einer Gruppe führt, die durchschnittlich zweimal im Jahr tagt und wesentliche organisatorische Dinge erledigt. Sie sind bisher eher schlafende Riesen (mit einem riesigen Potenzial) als Plattform für Unterrichtsentwicklung.

Neue Binnenstrukturen erfordern Mittlere Führungskräfte

Zu Führungspersonen werden die Fachgruppenleiter erst, wenn die Fachgruppen an Gewicht gewinnen und wenn sie von der Schulleiterin bzw. dem Schulleiter in diese neue Rolle eingeführt werden. Es geht dabei vor allem um Auftrags- und Rollenklärungen.

Bei verteilter Führung führt die Schulleiterin bzw. der Schulleiter die innerschulischen Führungskräfte und diese wiederum führen die einzelnen Lehrpersonen. Die Schulleiterin bzw. der Schulleiter kann bereits bei einer mittelgroßen Schule nicht mehr jeden einzelnen Lehrer persönlich führen. Schon aus zeitlichen Gründen kann er nicht mit jedem einzelnen jährliche Mitarbeitergespräche realisieren und Zielvereinbarungen schließen. Er kann sich auch nicht immer selbst um die Problemfälle unter den Lehrkräften kümmern, die in Schulen nicht selten tabuisiert werden, aber dennoch vorkommen und allen bekannt sind. Wenn das Kollegium in geführte Gruppen untergliedert ist und sich diese Gruppen zu Teams entwickeln, dann können diese Teams eine wichtige Rolle bei der Weiterentwicklung der darin arbeitenden Personen spielen. In professionellen Einrichtungen sind in der Tat die Teams verantwortlich für Führung und Personalentwicklung. Wenn es in einer Fünfer- oder Sechsergruppe einen „Problemlehrer" gibt, dann kann er den Gruppenansprüchen viel weniger ausweichen als im großen Kollegium, in dem er eine Monade (Vereinzelter) ist. So wie die „Schule als Institution erzieht" (Bernfeld 1925), so führt und entwickelt eine Arbeitsgruppe das Personal. Schulleiter und Schulleiterinnen werden dadurch entlastet, aber müssen als „Innenarchitekten" dieses Netzwerk funktionierender Gruppen erst einmal in Gang setzen, womöglich aus dem Hintergrund. Das ist ein Beispiel für indirekte oder strukturelle Führung.

Management

Das Verständnis von Management und Führung wird in der Fachwissenschaft wie auch in der Praxis durchaus kontrovers diskutiert bzw. praktiziert. Hier wird die Auffassung vertreten, dass Führung und Management sich überschneiden und unterscheiden. Führung ist, wie erwähnt, eher auf Personal bezogen (ohne die Bedeutung der strukturellen Führung zu vernachlässigen), Management eher auf Sachen. Management umfasst Betriebsleitung, Projektmanagement, Budgetmanagement, also eher sachbezogene Domänen, aber auch Konfliktmanagement, Gesundheitsmanagement und Change Management. Führung bezieht sich eher auf personenbezogene Angelegenheiten wie Personaleinstellung, -beurteilung und -entwicklung.

Management hat zunächst mit der Leitung der Schule als Betrieb zu tun und mit Büro- und Selbstmanagement. Dabei geht es um Ressourcenbeschaffung und effiziente und effektive Nutzung derselben wie um die Bewältigung der täglichen Post- und E-Mail-Flut, um Gebäudenutzung und Sicherheit, um Statistik und immer mehr um Zeitmanagement.

Auch die Managementaufgaben sind derart expandiert, dass sie nicht mehr von einer Person allein erledigt werden können, jedenfalls nicht in zumutbarer Weise. Deshalb ist hier – ähnlich wie bei distributed leadership – die verantwortliche Verteilung von Aufgaben eine praktikable Lösung und zwar im Sinne eines Co-Managements.

Ein gutes Beispiel für Co-Management ist eine um die Abteilungs- bzw. Stufenleiter und vielleicht auch Fachkoordinatoren erweiterte Schulleitung bzw. eine kollegiale oder Teamschulleitung. Auch die Zusammenarbeit der Schulleitung mit Fachgruppenleitern kann als Co-Management (des Prozesses der Fachunterrichtsentwicklung) geschehen. Co-Management lässt mittlere Führungskräfte entstehen, was in vielen Schulen bisher wenig etabliert ist: Selbst Abteilungs- oder Stufenleitungen haben sich häufig mit ihrer Leitungsrolle noch nicht identifiziert.

Co-Management muss zu Entscheidungen kommen können, auch wenn kein Konsens besteht. Es muss zumindest ein transparentes Entscheidungsverfahren geben mit Bereichen, in denen die Schulleiterin bzw. der Schulleiter zumindest ein Vetorecht hat.

Steuerung

Steuerung betrifft die „dritte Dimension“ von Leitung. Der aktuell sehr verbreitete Steuerungsbegriff ist für den Schulbereich erst im Zusammenhang mit Schulentwicklung aufgetaucht, also Ende der achtziger, Anfang der neunziger Jahre. Dies ist kein Zufall. Denn erst im Rahmen von Schulentwicklung und dem damit einhergehenden Trend zur selbstständigen Schule erhielten die Schulen Gestaltungsautonomie und die Schulleitungen die Aufgabe, die Weiterentwicklung der Schule zu gestalten und die damit verbundenen Realisierungsprozesse zu steuern. Es ist dabei Steuerung durch Schulleitung von Steuerung durch Steuergruppen zu unterscheiden. Steuerung durch die Schulleitung kann über Entscheidungen und Anweisungen geschehen, Steuerung durch die Steuergruppe kann nur auf Aushandlung und Konsensfindung beruhen.

Eine interessante Frage ist, welchen Platz eine Steuergruppe im Gesamtzusammenhang einnimmt. Steuergruppen gehören nicht zum Führungssystem und auch nicht zum Co-Management, weil sie unter anderem aus Mitgliedern bestehen, die über keine institutionell angelegten Entscheidungsbefugnisse verfügen. Steuergruppen entscheiden allerdings über Prozessfragen im Rahmen von Schulentwicklung mit, aber dieses nicht aufgrund gesetzten Rechts, sondern lediglich ermächtigt durch ein Mandat des Kollegiums bzw. zumindest der Schulleitung.

Wie alles zusammenkommt: Konfluente Leitung (KfL)

Damit verteilte Führung, Management und Steuerung nicht zu einer fragmentierten Organisation führen, sind Medien der Integration gefragt. Der allgemeine gesellschaftliche Trend führt allerorts zu mehr Differenzierung, er verlangt aber auch nach mehr Integration. Das Gleiche gilt speziell für Schulleitung. Die bisher wenig diskutierte Frage lautet also, wie die zahlreichen Einzelaktivitäten wieder zu einem handlungsleitenden Ganzen zusammengefügt werden können, für das die Person der Schulleiterin bzw. des Schulleiters letztverantwortlich ist. Die Medien der Integration sind vielfältig:

- Schulleitbild und Schulprofil
- Führungsleitbild
- Feedbackkultur
- Masterplan für die Schulentwicklung
- System des Qualitätsmanagements
- Gesundheitsmanagement
- Wissensmanagement

Hinzu kommen organisatorisch-strukturelle Maßnahmen wie

- Erweiterte Schulleitungen
- Steuergruppen und
- Konferenzen der Vorsitzenden von Fachgruppen

Schulleitung muss daraus ein kohärentes Ganzes machen. Etwas systematischer kann man vier Ebenen unterscheiden, auf denen sich das Ganze konstituiert:

- Struktur und Organisation, z. B.verschiedene Gremien, Geschäftsverteilungsplan u. a.
- Verantwortung und Verbindlichkeit, also Absprachen, Zielvereinbarungen, u. a.
- Kultur, d. h. vor allem Werte, Normen und Ziele
- Symbolik, z. B.Schullogo, u. a.

Bleibt noch die Frage zu behandeln, wie man das komplizierte Geflecht von verteilter Führung, Co-Management und Prozess-Steuerung am besten und unverwechselbar benennen sollte. Eine Möglichkeit wäre „konfigurative Leitung", eine andere „kohärente Leitung". Beides ist bezeichnend, aber nicht bezeichnend genug.

Treffender wäre konfluente Leitung. Konfluenz bedeutet Zusammenfluss mehrerer bedeutender „Ströme". Das trifft das hier dargelegte Leitungskonzept recht gut. Und Strom bezeichnet einen Prozess. Außerdem suggeriert das Wort Strom viel Energie und Synergie. All das ist hier gemeint.

Konfluente Leitung teilt Führung auf, praktiziert Co-Management und sorgt für Steuerung und bringt alles wieder situationsbezogen zusammen. Die Schulleiterin bzw. der Schulleiter muss einschätzen, wie weit man dabei gehen kann, was nicht zuletzt von den im Kollegium vorhandenen Potenzialen abhängt. Die Letztverantwortung verbleibt ohnehin bei ihnen.

Als Zwischenbilanz kann festgehalten werden, dass KfL fast alle Anforderungen formuliert, die Böttcher weiter oben nachgefragt hat. Das wird in den nächsten Kapiteln noch weiter ausgeführt.

Der Betrieb muss laufen, aber auch gute Schulen müssen weiter entwickelt werden.

DINGE, DIE SCHULLEITUNGEN TUN MÜSSEN

Allein die seit ein paar Jahren verpflichtende Standard- und Kompetenzorientierung zwingt die Schulen zu Unterrichtsentwicklung. Hinzu kommen neue Randbedingungen wie Wandel der Kindheit und Digitalisierung der Gesellschaft. Daraus folgt, dass auch gute Schulen und ebenso guter Unterricht weiterentwickelt werden müssen. Vor diesem Hintergrund hat Fullan (2014) die Einwirkung von Schulleitungshandeln auf das Lernen der Schülerinnen und Schüler untersucht – und zwar auch, aber nicht nur im kognitiven Bereich. Die Untersuchung dieses Impacts (Einwirkung) ist nicht nur wissenschaftlich relevant, sondern vor allem interessant für die Praxis, sind doch von der Antwort nützliche Hinweise für das konkrete Schulleitungs-Handeln zu erwarten.

Fullan fragt, welches die Schlüssel für einen wirksamen Impact sind. Er stellt der Antwort auf diese „Schlüsselfrage" eine ausführliche Analyse der aktuellen Rolle und der konkreten Lage der Schulleitungen voran. Er kommt zu dem Schluss, dass die Antwort nicht im „Mikro-Management" des Unterrichts durch die Schulleitung (eng geführte instructional leadership) liegt und auch nicht im Selbstverständnis der Schulleiterinnen und Schulleiter als Leiter autonomer Betriebe. Er zeigt indes, dass die Antwort vor dem Hintergrund eines grundlegenden Rollenwechsels von Schulleitung gesucht werden muss, der sich im Spannungsfeld zunehmender Standardisierung und aufkommender Teilautonomie der Einzelschule abzeichnet.

Fullan zeigt in den einleitenden Passagen seines Buches „The Principal", wie Schulleitungen in den letzten beiden Dekaden immer mehr in eine enggeführte Rolle gedrängt wurden, die ihnen immer mehr Aufgaben zuwies, aber die Sicht auf das Ganze der

Schule versperrte. Er argumentiert, es gelte Licht in die dunklen Umstände zu bringen, die Schulleitungen verführen, mehr zu machen, aber nicht alles am besten zu machen, also sich in Handlungen verwickeln zu lassen, die ineffektiv und manchmal sogar kontraproduktiv sind.

Vielmehr lassen nach Fullans Analyse selbst die hartnäckigsten und robustesten externen Bedingungen noch Spielraum für eigenständiges Handeln. Doch dafür ist ein Richtungswechsel vonnöten, den Fullan wie folgt konzipiert: Wenn die Lernleistungen besser werden sollen, dann muss man den aktuellen Fokus auf Rechenschaftslegung (accountability) lockern zugunsten des Aufbaus von „Kapazität für Wandel"; weniger Wert auf Technology legen und mehr auf Pädagogik; sich von fragmentierten Strategien loslösen und dafür Systemdenken stärken sowie auf individualistische Lösungen verzichten und dafür Kooperation stärken.

Damit dieses Programm aufgehen kann, entwickelt Fullan drei Rollensegmente, die Schulleiterinnen oder Schulleiter ausfüllen müssten, wenn sie eine optimale Wirkung auf die Lernfortschritte der Schülerinnen und Schüler ausüben wollen: (i) Auf Lernen fokussierter Leiter („learning leader"), (ii) Schulsystem- oder Schuldistrikt-Mitspieler („system players") und (iii) Agent des Wandels („change agents").

LERN-LEITER sind Schulleitungen nicht in dem Sinne, dass sie den Lehrkräften klarzumachen versuchen, wie sie unterrichten sollen, schon gar nicht, dass sie Lehrkräften Anweisungen für guten Unterricht geben. Dann würden sie im Sinne von missverstandener „instructional leadership", also eng und direkt führen, die Lehrerinnen und Lehrer sozusagen belehren wollen, was nach Fullans Erkenntnissen nicht angemessen ist und auch nicht funktionieren kann. Vielmehr sollten die Schulleitungen als Lern-Leiter in dem Sinne handeln, dass sie Unterricht auf Lernen fokussieren und eine Lernarchitektur für Lehrpersonen aufbauen, z. B. in Form von Feedback- und anderen Reflektionssystemen und Fortbildungsplänen, oder dass sie aus Stufen- und Fachkonferenzen auf Unterrichtsentwicklung fokussierte Professionelle

Lerngemeinschaften entstehen lassen. Indem Schulleitungen in diesem Sinne die Unterrichtsentwicklung modellieren, bilden sie ein Gerüst (eine Architektur) für Nachhaltigkeit und Kontinuität.

SYSTEM-MITSPIELER nennt Fullan Schulleitungen dann, wenn sie nicht nur für die eigene Schule tätig sind, sondern auch als Mitspieler bei der Entwicklung des kommunalen bzw. regionalen Schulsystems mitwirken. Die Gestaltung dieser Rolle steht nach Fullans Einschätzung noch am Anfang, aber er nennt genügend Beispiele, um dieses Rollenverständnis plausibel zu machen (z. B. Mitarbeit in Netzwerken, Planung gemeinsamer Fortbildungen mehrerer Schulen, Hospitation zwischen Schulen u. a. m.). Das Management des Übergangs von einer Schule bzw. Schulform auf eine andere gehört auch zur System-Leadership.

AGENTEN DES WANDELS bzw. des Change Managements sind Schulleitungen nicht dann, wenn sie einzelne Innovationen zu implementieren versuchen, sondern wenn sie den Aufbau einer „Kapazität für Wandel“ im Auge haben. Mit anderen Worten geht es dabei um die Weiterentwicklung der ganzen Schule zur lernenden Organisation. Kapazität für Wandel bedeutet in diesem Fall „Kapazität für Schulentwicklung“.

Gute Schulleitungen arbeiten an der Schule, weniger gute nur in der Schule.

Kernkompetenzen und neue „softe" Kompetenzen

KOMPETENZEN, DIE SCHULLEITUNGEN HABEN MÜSSEN

Weitgehende Übereinstimmung besteht darin, dass Schulleitung ein eigener Beruf ist, zu dem die folgenden Grundanforderungen und Aufgaben, also **KERNKOMPETENZEN** gehören:

- Lernorientierte Strategie-Entwicklung (Strategie-Kompetenz)
- Ganzheitliche Gestaltung (Gestaltungskompetenz)
- Prozess-Steuerung (Steuerungs-Kompetenz)
- Zusammenarbeit (Kooperationskompetenz)
- Konflikt-Bearbeitung (Konflikt-Kompetenz)
- Entscheidungen zügig auch ohne vollständige Information treffen (Entscheidungskompetenz)
- Lehrpersonen fordern und fördern (Personalentwicklungs-Kompetenz)
- Effektiver und effizienter Ressourcen-Einsatz (Management-Kompetenz)

Zu diesen Kernkompetenzen kommen neue, z. T. „weiche" (softe) Kompetenzen hinzu:

Chaos-Kompetenz

Die gesellschaftliche Entwicklung macht zeitnahe Entscheidungen immer dringlicher, aber auch immer schwieriger. Es gibt inzwischen für viele Entscheidungen eine bessere Datenlage als wenige Jahre zuvor. Aber eine vollständige Informationsbasis wird immer seltener, weil es mehr unvorhergesehene und unvorhersagbare Ereignisse gibt. Die Entscheidungsbereitschaft muss gerade bei wachsender Unsicherheit gestärkt werden, deshalb wird Chaos-Kompetenz benötigt.

Schulleiterinnen und Schulleiter brauchen Mut zu Entscheidungen bei Unsicherheit.

Kompetenz zum Begeistern

Diese Kompetenzerwartung ist im Bereich der Wirtschaft gut dokumentiert. Dies geht aus einer Untersuchung, hervor, die 2004, im Jahr einer Weltwirtschaftskrise durchgeführt wurde. „Begeisterungsfähigkeit“ wurde mit 58,8 % am zweithäufigsten genannt, als nach den besonders wichtigen Kompetenzen von Führungskräften in Krisenzeiten gefragt wurde (Personalwirtschaft H. 1. 2006, S. 33).

Dieses Ergebnis ist gut auf den Schulleitungsbereich zu übertragen. Auch hier gibt es Krisenzeiten, und hier ist es nicht nur in Krisenzeiten wünschenswert, dass Führungskräfte „Begeisterungsfähigkeit“ besitzen, im Sinne der Fähigkeit, starkes Engagement der einzelnen Lehrkräfte auszulösen.

Kompetenz, eine Vertrauenskultur zu schaffen

Allein dem Kollegium zu versichern, dass es der Schulleitung vertrauen könne, reicht nicht, Vertrauen gar zu beschwören, schon gar nicht.

Es muss sozusagen eine Infrastruktur für Vertrauen geschaffen werden, „Vertrauen durch Verfahren“ schlägt Luhmann (1983) vor. Das kann geschehen durch Regeln und Normen, auf deren Einhaltung geachtet wird, durch Transparenz aller Entscheidungen oder durch verlässliche Hilfe in Notsituationen. Eine wertschätzende Haltung gehört dazu (vgl. Burow 2016).

Kompetenz für Fürsorge/Caring

Schulleiterinnen und Schulleiter müssen in einer Zeit wachsender Belastungen fürsorglich sein. Dazu gehört, das Kollegium nicht zu überlasten, Funktionsstelleninhaber schon gar nicht.

Das kann z. B.durch Setzen von (wenigen) Prioritäten geschehen. Dazu gehört auch Schutz jeder einzelnen Lehrperson vor unerfüllbaren Elternerwartungen und erst recht vor ungerechtfertigten Beschwerden.

Kompetenz für Delegation

Davon später mehr in Kapitel 8

Kompetenz für Spürsinn

Zunehmend wird Spürsinn für Leitungen wichtiger, z. B.

- um Stimmungen einfangen zu können,
- Ansätze für verdeckten Widerstand zu erkennen, auch um
- Ansätze für unausgeprägte Motivation zu erfassen.
- Spürsinn ist mehr als nur Informationsverarbeitung; Empathie und Erfahrungswissen gehören dazu.

Reflexionskompetenz

Um die Wirkung auf Schülerleistungen zu optimieren und das Schulklima zu pflegen, auch um die Professionalität zu erhöhen, ist fortlaufende (aber nicht permanente) Reflexion des Handelns vonnöten. Dafür sind z. B. Feedback der Lehrkräfte an die Schulleitungen, Peer Reviews und/oder Evaluationen geeignet. Schulleitungen müssen dafür sorgen, dass das schulweit geschieht.

Kompetenz für Change Management

Diese Kompetenz wurde schon weiter oben erläutert.

Kompetenz für System Leadership

Auch diese Kompetenz wurde bereits weiter oben angesprochen.

Kompetenz für Konfluenz

Damit verteilte Führung, Management und Steuerung nicht zu einer fragmentierten Organisation führen, ist Konfluente Leitung gefragt, wie weiter oben ausgeführt wurde.

Ganzheitlichkeit ist der Schlüssel – Wirkung entsteht aus Zusammenwirken.

SCHULLEITUNGEN ALS QUALITÄTSMANAGER

Bevor das Thema im engeren Sinne behandelt wird, mag es hilfreich sein, einige Begriffe zu klären, die in der Diskussion über Qualitätsmanagement eine große Rolle spielen, aber nicht immer unmissverständlich verwendet werden. Der Qualitätsbegriff wird nicht mehr material bestimmt (nach Güte des Materials, der Verarbeitung usw.), sondern relational: Qualität ist, was den Anforderungen (der Kunden) entspricht. Der Grundbegriff ist **QUALITÄTSMANAGEMENT**, kurz QM. Es hat sich eingebürgert, QM bündig zu definieren als Summe von Qualitätssicherung (QS) und Qualitätsentwicklung (QE), so dass sich die knappe Formel ergibt: QM= QS + QE.

Evaluation wird verstanden als Prozess des systematischen Sammelns und Analysierens von Daten/Informationen mit dem Ziel, an Kriterien orientierte Bewertungsurteile zu ermöglichen, die begründet und nachvollziehbar sind. Evaluation meint demnach datengestützte, kriterienorientierte Bewertung und enthält in vielen Fällen Verbesserungsvorschläge.

Kriterien finden sich vor allem in:

- Vorgaben der Behörde bzw. des Parlaments, z.B. Bildungsstandards
- Leitbildern/Schulprogrammen
- Projektzielen/Projektaufträgen/Leistungsaufträgen
- Vergleichen/Benchmarkings
- innerschulisch vereinbarte Qualitätszielen

Drei Thesen zur Qualitätsevaluation

Qualitätsevaluation ist ein komplexer Zusammenhang. Er lässt sich vereinfacht in drei Thesen ausdrücken. Die erste These lautet:

Alle sind für Qualität verantwortlich!
Es wäre ein Missverständnis anzunehmen, es reiche für die Etablierung eines QM, einen Qualitätsbeauftragten einzusetzen. Das würde womöglich suggerieren, nur dieser trage Verantwortung für Qualität. Vielmehr muss deutlich werden, dass Qualität eine Systemeigenschaft ist, die durch Personen gelebt wird – und zwar durch alle an Schule Beteiligten. Diese sind keine Konsumenten von Schulqualität, sondern deren Koproduzenten. Nur wenn Schüler aktiv an Lernqualität mitarbeiten, wird es Lernqualität geben. Dieses den Schülern deutlich zu machen, gehört zum QM.

Interne Evaluation hat Priorität.
Mit Priorität ist zeitlicher Vorrang und auch Gewichtigkeit gemeint. D. h. die interne Evaluation sollte der externen zeitlich vorangehen; dann entwickelt sich innerhalb der Schule eine Evaluationskultur, die die Schule auch empfänglicher macht für die Ergebnisse und Verarbeitung der externen Evaluation. Experten empfehlen diese Reihenfolge und Forschungen belegen die Wirksamkeit (Bischof u. a. 2013).

Externe Evaluation muss sein.
Wir benötigen externe Evaluation aus gesellschaftspolitischen und wahrnehmungspsychologischen Gründen. Die Schule ist die mitgliederstärkste und kostenträchtigste Einrichtung moderner Gesellschaften und allein deshalb rechenschaftspflichtig. Sie erledigt wie keine andere Instanz eine gesamtgesellschaftliche Sozialisationsfunktion, die ständig evaluiert werden muss (bisher von der Schulaufsicht). Und wir alle haben blinde Flecke, die von einer Außensicht aufgehellt werden müssen: So meinen z. B. in Befragungen Lehrpersonen, sie würden nur ca. 20 % des Unterrichts sprechen, während Schüler die Lehreranteile auf 80 % schätzen.

Treiber von Qualität

Ein ausgereiftes QM umfasst Sicherung, aber auch Entwicklung von Qualität. Wenn man analysiert, welche Wege der Qualitätsentwicklung am effektivsten sind, kommt man auf drei Entwicklungsachsen: dem zielführenden Handeln, der Teamarbeit und der Feedbackkultur. Diese drei stellen die „Treiber" dar, nicht in dem Sinne, dass sie unerbittlich drücken, sondern dass sie die Qualitätsentwicklung am wirksamsten voranbringen.

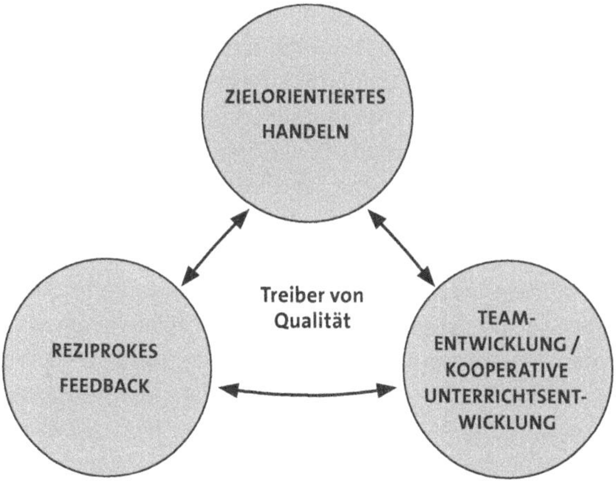

Abb. 2: Qualitäts-Dreieck

Die Auswahl dieser drei „Treiber" entspringt nicht der Willkür und auch nicht dem pädagogischen Wunschdenken. Sie ist durch Forschungsergebnisse begründet. Alle drei Treiber sollen kurz erläutert werden. Sie bewirken eine qualitätsfördernde Lernkultur, jeder für sich und erst recht alle drei zusammen (vgl. Rolff 2010).

Zielorientiertes Handeln

Evaluation erbringt das Wissen darüber, wo man steht. Deshalb gehört sie notwendig zum QM. Evaluation ist also eine Voraussetzung. Wichtiger noch ist, sich klarzumachen, in welche Richtung sich Qualität entwickeln soll. Das setzt eine Klärung der vorgegebenen wie der selbst zu setzenden Ziele voraus, um ergebnisorientiert handeln zu können. Nur, wer klare Ziele hat, weiß, was er erreichen will, und kann evaluieren, was erreicht wurde und was nicht. Zielführendes Handeln ist also der Ausgangspunkt des Qualitätsmanagements (vgl. Bonsen 2003).

Auch Zielvereinbarungen, z. B. zwischen Schulleitung und Schulaufsicht oder auch Schulleitung und Fachgruppen, gehören zum zielführenden Handeln. Die Zielsetzungen sollten aus den Lehrplanvorgaben, den Bildungsstandards, dem Leitbild, aus selbst vereinbarten Qualitätsleitsätzen oder den Entwicklungsschwerpunkten der einzelnen Schule hergeleitet werden.

Die Ziele formen und akzentuieren das Handeln der Schulleitung und der Steuergruppe, aber erst recht das der Fachkonferenzen und der Jahrgangsteams. Letztere realisieren die Unterrichtsentwicklung und diese ist nur effektiv, wenn Fach für Fach Halbjahres- bzw. Jahresziele festgelegt werden. Zu viele Ziele überfordern indes jedes Qualitätsmanagement. Es geht auch nicht um die vielen Routinen, die im (Schul-)Lehrplan festgeschrieben werden, sondern um besondere Akzente, die gesetzt werden sollen, wie z. B.Methodentraining in der Jahrgangsgruppe 5 oder eine neue Aufgabenkultur in der Fachkonferenz Mathematik. „Twentyisplenty" sagt man beim Qualitätsmanagement in der Industrie wie im Dienstleistungsbereich. Auch in der Schule sollten nicht mehr als 20 Ziele gleichzeitig verfolgt werden. Das sind nicht mehr als 1-2 pro Fachgruppe und 3-4 für die fachübergreifenden Angelegenheiten.

Vor allem müssen die Schulen in der Lage sein, ihre operativen Ziele selber so zu formulieren, dass sie überprüfbar sind. Dazu eignen sich insbesondere Indikatoren, deren Konstruktion ein wenig Training verlangt, dann aber von Lehrpersonen leicht vorgenommen werden kann.

Teamarbeit/Kooperative Unterrichtsentwicklung

Der zweite Treiber ist Teamarbeit, am besten unterrichtsbezogen, so dass er auf kooperative Unterrichtsentwicklung hinausläuft. Unterrichtsentwicklung bezieht sich auf die fachliche, aber auch auf die überfachliche und pädagogische Ebene.

Teamarbeit kann in Schulen mannigfaltig sein: Klassen- und Jahrgangsteams, Fachteams, Projektteams und Schulleitungsteams sind die wichtigsten, aber nicht die einzig denkbaren Teams.

Entscheidend ist allerdings, wie die Teams arbeiten. Nicht alle Gruppen sind Teams und nicht alle Teams sind strikt auf Schülerlernen bezogen. Am wirksamsten sind Professionelle Lerngemeinschaften. Wenn man die einschlägigen Forschungsergebnisse systematisiert, gelangt man zu folgenden fünf Merkmalen Professioneller Lerngemeinschaften:

- gemeinsam vereinbarte Ziele,
- Fokus auf Schülerlernen,
- Deprivatisierung der Lehrerrolle (Lehrer sehen ihre Klasse und ihren Unterricht nicht als ihr Eigentum an, sondern als Angelegenheit des ganzen Jahrgangs oder der ganzen Fachgruppe),
- Zusammenarbeit / Kooperation,
- reflektierender Dialog (zielorientiert und datengestützt).

Hinzu müssen gemeinsam geteilte Werte kommen wie Hilfekultur und Fehlertoleranz. Ohne gemeinsame Werte handelt es sich um Lerngruppen. Lerngemeinschaften setzen solche oder ähnliche gemeinsame Werte voraus. Besonders produktiv sind die Lerngemeinschaften, wenn sie kooperative Unterrichtsentwicklung betreiben.

Reziprokes Feedback

Der dritte Treiber bezieht sich auf eine lernbezogene Feedbackkultur – und zwar in reziproker Form (vgl. Hattie 2013). Sie ist reziprok, weil sie zwei Richtungen hat. Die erste Richtung des Feedbacks gehört zu den Routinen des Unterrichtsalltags, nämlich den Schülerinnen und Schülern Rückmeldungen zu geben über deren Lernergebnisse, Lernverhalten, Lernstile, Stärken und Defizite. Dies geschieht vielfach noch ziemlich unprofessionell, z.T. auch abschätzig („Das lernst du nie"). Qualitätsorientiertes Feedback sollte förderorientiert sein. Es erfordert diagnostische Fähigkeiten der Lehrpersonen und ist mit Vorschlägen zur individuellen Förderung (Förderdiagnostik) verbunden.

Die zweite Richtung der Feedbackkultur entsteht, wenn reflektierende Dialoge von Lehrpersonen zur Arbeits- und Alltagskultur von Schule werden: Dialoge über Unterricht und Erziehung zwischen Lehrern und Schülern, zwischen Lehrern und Lehrern, zwischen Lehrern und Schulleitern und zwischen Lehrern/Schulleitern und Eltern. Entscheidend für Qualitätsentwicklung ist, dass Gespräche stattfinden, die dialogisch und datengestützt sind, also eine möglichst objektive Grundlage entsteht, auf die reflektiert werden kann. Daten können Zahlen, dokumentierende Texte oder auch Symbole sein wie Bilder, Graffitis oder Metaphern.

Schulleitungen sind aufgerufen, eine solche Feedbackkultur zu initiieren und zu unterstützen und sie auch selbst zu praktizieren.

Qualität entwickelt sich am wirksamsten, wenn alle drei Treiber zusammenkommen. Eine Metapher möge das Veranschaulichen sein. Es geht nicht um ein Buffet, bei dem sich jeder herauspickt, was ihm gerade schmeckt, sondern um ein Menü, bei dem alle Gänge zusammenpassen müssen (auch die Getränke). Dazu benötigt man nicht noch mehr zentrale Anordnung, sondern Qualitäts-Systeme, die den Einzelschulen helfen, ganzheitlich zu arbeiten.

Kann man Charisma lernen und lehren? Oder geht es um die Entwicklung von Persönlichkeit?

BRAUCHEN SCHULLEITUNGEN CHARISMA?

Leitung und insbesondere Führung sind situations- und personenabhängig. Personale Führung ist explizit auf Personen gemünzt, sowohl der geführten wie der führenden Person. Deshalb hängt die erfolgreiche Leitung einer Schule entscheidend von der Person der Führungskraft ab.

Muss diese deshalb ein Held sein oder Charisma besitzen? Die Zeit der Helden ist vorbei, wenn es sie je gegeben hat, und Charisma ist eine überzogene und unrealistische Führungsidee, die die meisten Leitungen überfordert.

Charisma ist originär ein Begriff aus dem Neuen Testament (Zweiter Korinther-Brief), der „Gnadengabe" meint. Charisma ist ein Anspruch, der kaum zu erfüllen ist: Wer verfügt schon über Charisma? Und kann man Charisma überhaupt lehren und lernen? Vermutlich nicht. Dann ist er auch nicht relevant für Schulleitung.

Richtig und wichtig am Führungs-Begriff ist, dass er stark auf Persönlichkeit verweist; Führung heißt nicht nur Führen von Personen, sondern setzt selbst Führungspersönlichkeit voraus. Nicht jeder kann führen, aber Führung kann man im Unterschied zu Charisma lernen, wenngleich das schon ein Stück Persönlichkeit voraussetzt. Die besten Führungskräfte hören im Übrigen nicht auf, an ihrer Persönlichkeit zu arbeiten, beispielsweise indem sie sich immer wieder fragen:

- Warum bin ich in einen pädagogischen Beruf gegangen?
- Wofür stehe ich (als Führungskraft)?
- Welche Werte vertrete ich?
- Welches Vermächtnis möchte ich einmal hinterlassen?

Wer äußere Entwicklung will, muss auch innere Entwicklung wollen; wer Schule weiterentwickeln will, muss sich auch selbst entwickeln.

Führung ist auch moralische Führung. Das gilt allgemein. Denn wo es Machtunterschiede, d. h. Hierarchien gibt, geht es auch um Moral. Auch wo Werte eine Rolle spielen, geht es um Moral; immer auch bei Erziehungsfragen, denn Erziehung ist ohne Werte nicht vorstellbar. Ohne Moralvorstellungen kann Schule nicht bilden und ohne Moralvorstellungen kann man den anspruchsvollen Beruf eines Schulleiters nicht überzeugend ausüben.

Führung ist eine Entwicklungsaufgabe, wobei Schulleiter nicht nur sich selbst im Fokus haben sollten, sondern das ganze Kollegium: Lehrer helfen Schülern beim Lernen und Schulleiter helfen Lehrern und Lehrer helfen sich gegenseitig (Personalentwicklung).

Führung ist darüber hinaus eine Gestaltungsaufgabe: Schulleiter haben die ganze Schule zum Thema: Strategien, Strukturen und Kulturen. Das sollte auch für Lehrkräfte gelten, die häufig eher ihre Klasse oder ihr Fach im Blick haben und weniger die ganze Schule (Rolff 1993, S. 189).

In modernen Gesellschaften wird es immer schwieriger, aussagekräftige, generelle Normen (Werte) für die Führung vorzugeben. Deshalb betont Dubs, dass es „der Praxis wenig (hilft), wenn versucht wird, Normen- oder Tugendkataloge zu entwerfen, die in jeder Situation konkret anwendbar sind. Wichtiger für die Praxis ist das stete Reflektieren über Maßnahmen in der Gestaltung und Leitung einer Institution und deren kritische Beurteilung im Hinblick auf die Humanverantwortung. Diese Auffassung entspricht dem Konzept einer … Diskursethik, welche der Praxis nicht abstrakte Normen der Philosophie und der Theologie vorlegen will, weil sie für einen Transfer unter anderen realen situativen Bedingungen, in denen die Geführten tätig sind, wenig bis nichts bringen … Entscheidend ist vielmehr, dass die Geführten bei allen ihren Arbeiten nicht hilflos und ohnmächtig den Führenden ausgeliefert sind, sondern wenigstens ehrlich und verlässlich informiert sind, um sicher zu sein, dass die Führenden reflektiert handeln und auch unter Beachtung der Humanverantwortung entscheiden und steuern sowie jederzeit offen zu begründen vermögen, was sie anordnen, aber auch erklären, was sie trotz aller ihrer Bemühungen nicht beeinflussen oder verändern können“ (Dubs 2016, S. 109).

*Das Beste ist das Gute –
Führen, indem man auch
andere führen lässt*

ERLEICHTERUNGEN

Schulleitungen müssen heute mehr tun und können als früher. Das belegen die vorangegangen Kapitel. Schulleitungen brauchen deshalb auch mehr Erleichterung und Unterstützung. Davon handeln die nächsten Kapitel.

Vorweg sollen zwei Fragen geklärt werden:

Was ist die beste Schule (bei zunehmender Konkurrenz)?
Beste Schule und beste Schulleitung kann es nicht geben: Ist das Elite-Internat Salem die beste Schule oder die eingangs erwähnte Kleine Kielstraße in Dortmund mit über 90 % Kindern mit Migrationshintergrund? Das ist unter pädagogischen Gesichtspunkten nicht zu entscheiden. Aber der Deutsche Schulpreis und der Schulentwicklungspreis der Unfallkasse belegen, dass es zahlreiche gute Schulen gibt. Die beste Schule oder die beste Schulleitung sein zu wollen, überfordert alle. Das Beste ist also das Gute und das Gute ist das Beste.

Müssen Schulleiterinnen und Schulleiter alle drei der herausgearbeiteten relativ neuen Rollen spielen und alle dafür notwendigen Kompetenzen erwerben?
Nein!! Gleichzeitigkeit muss und soll sowieso so wenig wie möglich geschehen und eine einzelne Person sollte in gar keinem Fall alles allein machen wollen, sondern arbeitsteilige Teamarbeit ist gefragt und Prioritäten der Reihenfolge müssen vereinbart werden.

Man könnte auch meinen, *Schulleitungen sollten so wenig tun wie möglich – aber dafür sorgen, dass alle Aufgaben gut erfüllt werden.* Sie sollten sich in jedem Fall die Arbeit erleichtern, wo es geht. Delegation ist ein probater Weg dorthin.

Delegation

In den vorausgegangenen Kapiteln wurde die hohe Arbeitsbelastung der Schulleitungen beschrieben. Stephan Huber nennt deshalb (auf dem Zuger Schulleitungssymposium 2009) Schulleitungen auch multifunktionale Wunderwesen. Neue Leitungskonzepte, die auf „verteilter Führung“ beruhen, nennen als Lösung verteilte Führung und Delegation. Dabei wird Führung verteilt auf Stellvertreter, Abteilungs-, Stufen- und didaktische Leiter bis hin zu Fachkonferenzvorsitzenden und Jahrgangsstufensprechern. Aber auch offiziell nicht designierte Personen, wie z. B. Klassenlehrer, können Führungsaufgaben übernehmen. Delegiert werden dabei Aufgaben, Verantwortung, Ressourcen und Risiken.

Die Organisationstheorie beschäftigt sich seit den 60er Jahren mit Delegation bzw. delegativer Führung. Das lateinische Verb „delegare“ bedeutet zuweisen, übertragen, anvertrauen und bezeichnet im weitesten Sinne das Übertagen von Rechten und Pflichten. Delegation im Kontext einer Organisation oder Schule bezieht sich daher auf eine Übertragung von Aufgaben und Handlungsverantwortung. Verteilte Führung setzt das Abgeben von Handlungsverantwortung und die Übertragung von Aufgaben an Mitarbeiter voraus. Dies wird in der Führungsliteratur als Delegation bezeichnet bzw. kennzeichnet ein bestimmtes Führungsverhalten: „delegative Führung“ (Wunderer 2003). Verteilte Führung betont, dass mit dem Abgeben von bestimmten Aufgaben weitere Personen über den Schulleiter hinaus Führungsfunktionen wahrnehmen.

Im Rahmen der Delegation wird zwischen Führungs- und Handlungsverantwortung unterschieden (Dubs 2016, S. 140): Der Vorgesetzte trägt die Führungsverantwortung und bleibt für die Führung der Delegation verantwortlich. Dies bedeutet, dass er für die Auswahl der Mitarbeiter, deren Ausbildung, Unterweisung durch notwendige Informationen, Festlegung des Entscheidungsspielraums, Zielformulierungen und den Fortgang der Arbeit zuständig ist. Der Mitarbeiter hingegen übernimmt die Handlungsverantwortung und ist damit für die werkgetreue

Ausführung der Arbeiten, die regelmäßige Inkenntnissetzung des Vorgesetzten über ihre Arbeit und Berichte über außergewöhnliche Fälle verantwortlich. Zentrale Anforderung an die Führungskraft bzw. den Schulleiter ist also die Koordination und Zusammenführung der verantwortlichen Bereiche und delegierten Aufgaben zu einem in sich stimmigen Ganzen, was wir konfluente Leitung nennen.

Vorteile von Delegation

Schon in länger zurückliegenden empirischen Untersuchungen zur Arbeitsbelastung von Führungskräften konnte gezeigt werden, dass die hohen Arbeitsbelastung auch ein Resultat geringer Delegation sind. Beispielsweise zeigt die Studie von Grochla et al. (1981), dass Führungskräfte bei weitem nicht die Delegationsmöglichkeiten ausschöpfen, dass Führungskräfte zu viele einfache Tätigkeiten selbst erledigen, statt sie zu delegieren.

Neben dem Entlastungspotential für Führungskräfte birgt delegative Führung ein hohes Motivationspotential für Mitarbeiter. Die Übertragung fest umrissener Aufgabenbereiche, inklusive der dazugehörigen Kompetenz und Verantwortung, schafft Autonomie und Handlungsspielräume für Lehrkräfte. Die positive Auswirkung von Autonomie bzw. Handlungsspielraum auf die Motivation und Arbeitszufriedenheit von Mitarbeitern ist mehrfach belegt (z. B. Kleinbeck 1996).

Weitere Argumente für eine delegative Führung sind die Befunde, dass eine höhere Mitwirkung die Akzeptanz von Beschlüssen und Entscheidungen (Wilpert 1987) erhöht und die Dezentralisierung mit einer qualitativ besseren Aufgabenerledigung einhergeht (Grün 1987).

Anders als „top down"-Strategien hat Delegation den Vorteil, dass flexibler reagiert werden kann. Vor Ort können Entscheidungen von beteiligten Lehrkräften situationsbezogen getroffen werden.

Herausforderungen delegativen Handelns

Vielen Führungskräften fällt es schwer, Aufgaben „aus der Hand zu geben". Aber auch wenn sie Aufgaben abgeben, so delegieren sie häufig zu wenig Verantwortung, sodass sie daher bei vielen Entscheidungen gefragt und einbezogen werden. Es kommt vor allem auf den Prozess der Delegation, also das „Wie“ an: Wird nicht optimal delegiert, kommt es zu keiner Arbeitsentlastung auf beiden Seiten. Häufige Delegationsfehler sind unklare Anweisungen, die häufige Rücksprachen zur Folge haben, unzureichende Informationen der Mitarbeiter, die die Arbeitseffizienz behindern und eine geringe Arbeitszufriedenheit der Mitarbeiter bedingen. Auch die Organisation und formale Regelungen sind häufig unzureichend, sodass es keine vereinbarten Zeiten für Rücksprachen gibt, die es beiden Seiten ermöglichen, zu planen und sich vorzubereiten. Grün (1987) nennt in diesem Zusammenhang das Problem der Rückdelegation und Rücknahme der Delegation.

Rückdelegation bezeichnet die Rückgabe der Aufgaben an die Führungskraft. So wird diese um Mitzeichnung gebeten oder ständig wird seine Meinung eingeholt. Rückname der Delegation hingegen meint den ungerechtfertigten Eingriff des Vorgesetzten oder der Führungskraft in den Aufgabenbereich des Mitarbeiters. Dies zeigt sich durch häufige Aufforderungen der Berichterstattung oder eine sehr enge Auslegung des „Normalfalles“.

Als eine weitere Schwierigkeit im Prozess der Delegation hat sich die Wahrnehmung der Führungsverantwortung der Führungskraft erwiesen. Insbesondere hinsichtlich der Information und Unterweisung des Mitarbeiters, der Zielformulierung, einer adäquaten Kontrolle, aber auch Unterstützung zeigen Führungskräfte etliche Defizite (Grün 1987). Ebenfalls kollidiert das zugrundeliegende Führungsverständnis in vielen Fällen mit Auffassungen von Führungskräften in Profit- und Non-profit-Organisationen. Delegation setzt ein kooperatives Führungsverständnis voraus (Grün 1987). So muss bei der Entscheidung für mehr delegatives Handeln zunächst auch das eigene Verständnis überprüft und gegebenenfalls verändert werden. Auch die Entscheidung, welche Aufgaben delegiert werden sollen und welche nicht, ist ganz und gar nicht trivial (Grün 1987). In der Literatur wird empfohlen, häufig wiederkehrende Entscheidungen zu delegieren, und komplexe, stark arbeitsteilige und zeitaufwendige Entscheidungsprozesse, insbesondere solche mit Innovationscharakter, selbst zu bearbeiten. Letztendlich kommt es auch auf die richtige Personalauswahl und -fortbildung an. Dies fällt vielen Führungskräften nicht leicht und die Passung von Aufgabe und Person stellt im Schulkontext sicherlich eine besondere Herausforderung dar. Zudem sollte klar sein, dass Rückdelegationen möglichst auszuschließen sind. Denn aus Fehlern kann man lernen. Wenn sie allerdings das Wohl von Schülern und Lehrpersonen gefährden, sind Rückdelegationen nicht zu vermeiden.

Man sollte also nichts tun, was Mitarbeiter auch tun können. Man muss allerdings mehr Kompetenzen haben, wenn man weniger tun will.

SALUTOGENE LEITUNG UND FÜHRUNG AUS DEM HINTERGRUND

Seit längerem ist ein Zusammenhang zwischen Schulleitungshandeln zum einen und Fluktuation, Absentismus sowie Krankenlagen zum anderen bekannt und durch Forschung belegt. Auch konnte gezeigt werden, dass das Erleben sozialer Unterstützung durch Schulleitung mitentscheidend für die Bewertung und Bewältigung der Arbeitsbedingungen durch Lehrkräfte ist. Unklar blieb indes, wie konkretes Leitungshandeln auf das Belastungsempfinden des Kollegiums wirkt.

Salutogene Leitung

Um hier mehr Klarheit zu gewinnen, hat die „Deutsche Akademie für Pädagogische Führungskräfte“ (DAPF) ein Forschungsprojekt, gefördert von der Unfallkasse NRW (Hundeloh 2012), durchgeführt (Harazd, Gieske & Rolff 2009) und vor diesem Hintergrund zusammen ein neues Leitungskonzept entwickelt, das Salutogene Leitung genannt wird. Einbezogen waren 125 Schulen in NRW (Berufskollegs, Gymnasien, Gesamtschulen und Grundschulen) mit ca. 3500 Lehrpersonen und 118 Schulleitern.

Die Lehrkräfte wurden befragt, wie belastend sie bestimmte Arbeitsbedingungen an ihrer Schule einschätzen:

- Am stärksten belastend wurden Aspekte der Reform- und Verwaltungsarbeit, des Unterrichtsgeschehens und der unterrichtlichen Rahmenbedingungen erlebt.
- Immerhin 24 % der Lehrkräfte fühlten sich durch die Schulleitung belastet, aber deutlich mehr, nämlich 52 % empfinden sie als entlastend (22 % weder/noch).

Das Handeln der Schulleiterinnen und Schulleiter, die nach den Aussagen der Lehrpersonen entlastend wirken, wurden genauer analysiert. Dabei wurde das Konzept salutogener Leitung erkennbar. Salutogene Handlungsweisen werden den Schulleitern von 44 % der Lehrkräfte attestiert – an Grundschulen ist dies am stärksten ausgeprägt.

Unter salutogenem Leitungshandeln ist ein gesundheitsförderliches Leitungshandeln zu verstehen, das sich darauf konzentriert, Ressourcen zu stärken und Belastungen nachhaltig zu reduzieren. Zu Grunde liegt bei der Begriffsbildung das Modell der Salutogenese von Antonovsky (salus: lat. Wohlbefinden, Zufriedenheit; griech. Genesis: Entstehung, Herkunft). Salutogene Ansätze stellen die Frage, was Menschen gesund erhält, bzw. welche Bedingungen zu schaffen sind, um das Leben dauerhaft bewältigen zu können (Antonovsky 1997).

Zentraler Aspekt bildet dabei die Stärkung einer allgemeinen positiven Erwartungshaltung, vor allem das sogenannte Kohärenzgefühl. Dies ist wesentlich für den Umgang mit Belastungen und stellt eine Grundhaltung dar, die Lebensumwelt zusammenhängend und sinnvoll zu erleben. Das Kohärenzgefühl setzt sich vor allem zusammen aus den Komponenten

- *Gefühl von Verstehbarkeit* (sense of comprehensibility): Fähigkeit von Individuen, auch unbekannte Stimuli geordnet, konsistent und strukturiert verarbeiten zu können.
- *Gefühl von Bewältigbarkeit* (sense of manageability): Überzeugung eines Individuums, geeignete Ressourcen zur Verfügung zu haben, um Anforderungen zu begegnen.
- *Gefühl von Bedeutsamkeit* (sense of meaningfulness): Ausmaß, indem man das Leben als emotional sinnvoll empfindet, und die Überzeugung, dass Anforderungen willkommene Herausforderungen darstellen.

Die meisten Konzepte der Gesundheitsförderung unterstreichen verhältnis- und verhaltensorientierte Maßnahmen. Verhältnisorientierte Maßnahmen umfassen die gesundheitsstabilisierende Gestaltung der Arbeitssituation (z. B. ergonomische Verbesserungen, Verbesserung der Organisationsstruktur). Verhaltensorientierte Maßnahmen orientieren sich an der Gesundheit einzelner Individuen durch Entwicklung personenbezogener Ressourcen, z. B. durch Kompetenztrainings (v.gl. Hundeloh 2012).

Abb. 3: Dreieck der Salutogenese

Beim Belastungserleben können zwei Arten von Maßnahmen unterschieden werden: verhältnisorientierte und verhaltensorientierte.

Von großer Praxisrelevanz ist, dass an Schulen mit geringerem Belastungserleben eher die folgenden *verhältnisorientierten* Maßnahmen durchgeführt werden:

- Gesundheitsförderung wird als Teil der eigenen Schulentwicklung betrieben.
- Gesundheitsförderung ist im Leitbild sowie Schulprogramm verankert.
- An der Schule gibt es ein Bewusstsein für die Erhaltung und Förderung der Gesundheit.
- Lehrkräfte werden schulweit bei Disziplinproblemen oder Unterrichtsproblemen unterstützt.
- Die Arbeitssituation an der Schule wird systematisch zu verbessern versucht.

An Schulen mit geringerem Belastungserleben werden eher die folgenden *verhaltensorientierten* Maßnahmen durchgeführt:

- Lehrer werden für gesundheitsrelevante Themen wie Bewegung oder Selbstmanagement sensibilisiert.

- Die Entwicklung gesundheitsförderlicher Verhaltensweisen von Lehrern wird befördert.
- Betroffenen wird vermittelt, mit Belastungssituationen umzugehen.

Salutogenes Leitungshandeln hängt mit der erlebten Beanspruchung zusammen. Zeigen Schulleiterinnen/Schulleiter ein bewusstes salutogenes Leitungshandeln, indem sie darauf achten, dass in der Kommunikation und in der Zusammenarbeit mit Lehrkräften die Verstehbarkeit, Bewältigbarkeit und Bedeutsamkeit von Aufgaben oder Aufträgen gefördert wird, erleben Lehrkräfte geringere Beanspruchung in der Schule. Die Schulleitung stärkt damit das Gefühl der Lehrkräfte, über genügend Kapazitäten zu verfügen, um die Arbeit zu „meistern". Dies trägt dazu bei, dass die Arbeit tatsächlich als weniger belastend empfunden wird.

Führung aus dem Hintergrund – Leading from Behind

Leading from Behind ist ein aktuelles Führungskonzept, das viel praktiziert, aber wenig analysiert wird. Es gibt wenig bis keine Literatur. Vielleicht ist eine abwertende Konnotation von „Leading from Behind" mit dafür verantwortlich, dass sich dieser Begriff bisher nicht etabliert hat, obwohl er durchaus goutiert wird, wenn er in Gesprächen auftaucht. Der Appendix „from Behind" ist ja keineswegs eindeutig und klar. Er kann ja auch „hinterrücks" oder „aus dem Hinterhalt" meinen. Zudem können sich manche der älteren Generation noch an ein Buch von Hermann Mostar erinnern, das in den sechziger Jahren nicht nur viel gelesen, sondern auch als Fortsetzungsroman monatelang im Radio zu hören war. Es hieß „Weltgeschichte ganz privat" und es breitete die These aus, dass es nicht die mächtigen Männer, sondern Frauen hinter ihnen (von Marc Aurel bis Bill Clinton) waren, die die Weltgeschichte bestimmten – auf subtile, intelligente und einfühlende oder auch aggressive Art, durch Liebe, Intrige und Klatsch , in jedem Fall so unsichtbar wie möglich. Deshalb ist es angebracht, zunächst einmal den Begriff und das Konzept differenzierter zu betrachten.

Führung aus dem Hintergrund	Führung aus dem Vordergrund
Fragehaltung	Bescheidwisser-Haltung
Begleiter	Ratgeber
innovativ	bewahrend
Fehler als Chance	Fehler als Probleme
reduzierte Kontrolle	erhöhte Kontrolle
Feedback einholen	sich selbst einschätzen
herausfinden, was die Geführten wollen	auf eigene Lösungen drängen
gemeinsam explorieren	an bewährten Lösungen festhalten
Chancen zeigen	Gefahren betonen
für Transparenz sorgen	Informationen zurückhalten
partizipativ handeln	hierarchisch handeln
Forschergeist	Vorschriftenorientierung
Fokus auf Möglichkeiten	Fokus auf Lösungen

Wenn man diese – um im Bild zu bleiben – Hintergedanken beiseitelässt, kann man „Leading from Behind" übersetzen als „Führung aus dem Hintergrund" und damit ein höchst zeitgemäßes Führungskonzept veranschaulichen. Führung aus dem Hintergrund entpuppt sich dann als kunstvolle und sensible Haltung, die „Geführten" im Schulbereich wertschätzend als Menschen und respektvoll als Professionelle zu verstehen und auch zu „behandeln". Aus dem Hintergrund führen ist dann keine Führung aus dem Verborgenen, sondern ist eher ein Führungsverständnis, das auf übermäßige Kontrolle, Misstrauen und einsame Entscheidungen verzichten kann. Schulleiterinnen und Schulleiter würden dann ein Führungsverständnis leben, das dem neuen „lernseitigen" (Schratz) pädagogischen Grundverständnis entspricht, welches die Schülerinnen und Schüler aktivieren, deren Selbstständigkeit und Selbstverantwortung stärken und den Unterricht durch deren Augen sehen (Hattie) will. Dann würde sich Führung aus dem Hintergrund von Führung aus dem Vordergrund unterscheiden. Die obige Gegenüberstellung macht deutlich, wie sich die grundsätzlichen Unterschiede in einer Gegenüberstellung von Haltungen, Einstellungen, Handlungen und Perspektiven darstellen. Führung aus dem Hintergrund wäre dann positiv konnotiert.

Versionen

Man kann mindestens drei Versionen des positiv konnotierten Führens aus dem Hintergrund unterscheiden: eine taktische, eine funktional-wirkungsorientierte und eine demokratisch-humanistische.

Die taktische Version kommt ins Spiel, wenn man als Führungskraft nicht in Konflikten verbrennen will, die im Grunde nur die Geführten betreffen. Dann macht man keine Lösungsvorschläge, sondern lässt die Betroffenen den Konflikt unter sich bearbeiten und regeln. Das heißt nicht, dass einem Konflikte im Kollegium egal sind. Es macht vielmehr deutlich, dass nicht jeder Konflikt notwendigerweise von der Schulleitung bearbeitet werden muss, sondern die Beteiligten bzw. Betroffenen dazu ermuntert werden, eigene Lösungen zu finden. Dazu kann man unter Umständen professionelle Unterstützung von außen anbieten. Das spart auch Energie. Hier ist ein deutlich positives Verständnis von Taktik angesprochen und ein Verhalten, das auch taktvoll ist.

Bei der funktional-wirkungsorientierten Version ordnet die Leitung bei sensiblen Fragen die Lösungswege nicht an, sondern erwirkt Vorschläge aus dem Kollegium, um sie dann in einen Gesamtrahmen zu stellen und dann mit den Betroffenen nach Realisierungsmöglichen zu suchen. Ein aktuelles Beispiel ist Unterrichtsentwicklung. Sie hat eine Tiefenstruktur, die u. a. aus „Glaubenssätzen" (beliefs) zum Lernen, aus Werten und Haltungen besteht. Wer den Unterricht in der Tiefenstruktur nachhaltig entwickeln will, der muss sich auch selbst entwickeln – z. B. bei mehr Schüleraktivitäten die eigenen Aktivitäten zurücknehmen. Das kann Schulleitung nicht erzwingen, sondern nur anregen und ermöglichen. Das ist auf mehrerlei Weise realisierbar, durch Ermunterung, durch Organisation von Professionellen Lerngemeinschaften oder durch Besuche in Schulen, die so etwas bereits praktizieren.

Die demokratisch-humanistische Version beruht auf Überzeugungen der Leitung, z. B. mehr Beteiligung und Verantwortungsübernahme von Mitarbeitern zu bewirken. Sie lässt sie deshalb erst einmal „machen“ und greift nur ein, wenn rechtliche oder moralische Grenzen überschritten werden.

Unsichtbare Präsenz

So viele Formen und Finessen der Führung aus dem Hintergrund es geben mag, die Schulleitung verschwindet dabei nicht, schon gar nicht aus der Letztverantwortung. Sie ist allerdings nicht immer und auch nicht bei jeder Gelegenheit zu sehen. Sie arrangiert aus dem Hintergrund die Arbeitsstrukturen und Entscheidungssituationen so, dass gewissermaßen Handlungskorridore entstehen, in denen sich die Akteure frei, aber innerhalb von zuvor entwickelten und verinnerlichten Grenzen verbleibend bewegen. Solche Grenzen sind Satzungen, Geschäftsordnungen, Kooperationsnotwendigkeiten und -gebote oder auch Entwicklungspläne. Über diese Handlungsgrammatiken ist die Führung kontinuierlich präsent, aber nicht kontinuierlich sichtbar. Fast unverzichtbar ist in diesem Zusammenhang, dass die Führung eine Vision oder Ideale vertritt, welche klar, verständlich, authentisch, realisierbar und menschlich sind, kurz: eine Führung, die begeistert.

Ambivalenz

Führung aus dem Hintergrund ist zweifellos ambivalent: Sie ist für Strippenzieherei, Kungelei und Verschleierung anfällig, aber auch eine nützliche und wirksame Angelegenheit. Sie unterstützt Lehrkräfte, die das Lernen intensivieren und die Erziehung vitalisieren wollen, sie fördert Selbständigkeit, Eigenaktivität und Verantwortungsbewusstsein, sie unterstützt Personalentwicklung und partizipative wie kooperative Arbeitsformen und wenn sie gelingt, entlastet sie die Führungskräfte.

Führung aus dem Hintergrund ist also weder eine hinterhältige noch eine auf die leichte Schulter zu nehmende Angelegenheit. Führung aus dem Hintergrund ist vielmehr ein hochprofessionelles Konzept, das emotionale Agilität erfordert, Achtsamkeit für die Befindlichkeiten und Anliegen Anderer und die Fähigkeit, die eigenen Vorschläge und Ideen ein Stück zurückzuhalten, um den Geführten, die selber auch zu Führungskräften werden, die Chance für eigene Überlegungen und Aktivitäten zu geben. Wenn dabei Fehler passieren, sollten sie als Lernchancen begriffen werden.

Führung aus dem Hintergrund verlangt souveräne Führungskräfte.

FAZIT: SCHULLEITUNG ALS GELINGENDE QUADRATUR DES KREISES?

Wenn man sagt, jemand versucht die „Quadratur des Kreises", meint man, er hat sich etwas Unmögliches vorgenommen. Ursprünglich handelt es sich dabei darum, einen Kreis in ein flächengleiches Quadrat zu verwandeln. Nach der antiken Auffassung von Geometrie waren nur Konstruktionen mit Zirkel und Lineal (ohne Markierungen) erlaubt. Die griechischen Mathematiker versuchten, mit diesen Mitteln das Problem zu lösen – allerdings ohne Erfolg.

Ganz anders sieht die Sache aus, wenn man, wie erst im 19. Jahrhundert geschehen, auch andere Hilfsmittel zulässt: z. B. ein markiertes Lineal, Kegelschnitte oder spezielle Kurven. Dann gibt es für dieses Problem eine Vielzahl von Lösungen, die die Quadratur des Kreises doch möglich machen, allerdings nicht in exakter und perfekter Weise, aber in großer Annährung.

Wolfgang Böttcher hält Schulleitung für unmöglich, genauso wie konventionelle Mathematiker die Quadratur des Kreises für unmöglich hielten und noch halten. Aber unkonventionellere Mathematiker haben gezeigt, dass die Quadratur durchaus gelingen kann, allerdings nur, wenn man einige Begrenzungen aufgibt und einige Zugangsweisen innoviert und nicht Perfektion, sondern Annährung an gute Praxis anstrebt. Genauso verhält es sich mit Schulleitung. Die exakte Lösung und die perfekte Schulleitung gibt es also nicht, wohl aber überzeugende Näherungen an gute, sogar sehr gute Schulleitungen.

Aus der Organisationstheorie kann man zudem herauslesen, dass es auch keine perfekte (Schul-)Organisation geben kann (bzw. sollte), sondern „Organizational Slack" (March 1988, S. 4 ff.) vonnöten ist. Slack (Schlupf, lockere Kopplung) gibt der Organisation eine gewisse Flexibilität, ohne dass diese schon bei leisen Erschütterungen zerbrechen könnte und bei nicht funktionierenden Teilen insgesamt gefährdet wäre. Schlupf muss sein! Lose Kopplung (Weick 1995) ist deshalb kein Problem, sondern eine Notwendigkeit.

Wolfgang Böttcher ist also zuzustimmen, wenn er betont, dass Schulleitungen Freiheiten erhalten müssen, die nicht gleich wieder von der Schulaufsicht zurückgeholt werden und auch mehr Humanressourcen benötigen, wenn sie ihre zahlreichen und teilweise neuen Aufgaben erledigen wollen. Sie benötigen auch mehr Leitungszeit, vor allem die Grundschulleitungen. Und er hat Recht, wenn er mehr Unterstützung und Handlungsspielraum einklagt.

Dazu müssen Schulleiterinnen und Schulleiter Dienstvorgesetzte sein, wie das in vielen Ländern der Fall ist, auch in einigen Bundesländern.

Arbeit an Werten und Haltungen gehört auch dazu. Dazu ist Feedback nötig, wie Studien – nicht nur von Hattie – überzeugend zeigen. Dazu ist auch Leitungs-Coaching angesagt, wie eine Studie von Goff u. a. belegt (Goff et al. 2015, S. 682 f.), weil sonst das Feedback verpufft.

Dabei geht es insgesamt darum, nicht die Schulleitungen als Personen ändern zu wollen – dazu hat niemand das Recht und wenn man sich das Recht nehmen würde, würde es nicht funktionieren –, sondern die Umstände des Arbeitsplatzes zu ändern, also mehr Leitungszeit, Ausbau eines mittleren Managements, bei größeren Schulen Verwaltungsleitungen einführen, professionelle Lerngemeinschaften etablieren, Feedback verbindlich machen und diesem mit Coaching zu Nachhaltigkeit verhelfen. Letztendlich geht es um mehr Ermöglichung und mehr Ermächtigung (empowerment).

Dazu gehört auch eine Personalvertretung für Schulleitung. Die Weiterentwicklung des Berufsbilds „Schulleitung" als eigenständiger Beruf weist neue Gestaltung- und Steuerungsfunktionen, erweiterte Entscheidungsbefugnisse und Ansätze von Dienstvorgesetzteneigenschaften auf. Damit werden der Lehrerberuf und der Beruf Schulleitung deutlicher gegeneinander konturiert. Schulleitungspersonen können deshalb weniger denn je durch Lehrerpersonalräte vertreten werden. Denn die Interessen dieser beiden Gruppen sind keinesfalls immer vereinbar, und die Personalräte sind in erster Linie den Lehrkräften und deren Perspektive verpflichtet. Ausschlaggebend für die Forderung einer eigenen Personalvertretung für Schulleitung ist aber die Notwendigkeit einer leitungsorientierten Interessenvertretung gegenüber dem Dienstherrn, die nicht von Subordinierten, sondern nur von legitimierten Leitungsmitgliedern wahrgenommen werden sollte. Schulleitungen verfügen weder in personalrechtlichen Zusammenhängen noch in mitbestimmungspflichtigen Überlegungen und Entscheidungen im Bereich der Arbeitsorganisation, Arbeitsplatzgestaltung und Aufgabenzuweisung über eine Interessenvertretung. Es gibt sie nicht – sie muss eingerichtet werden.

Abb. 4 versucht dieses Fazit im Bild der Quadratur des Kreises darzustellen.

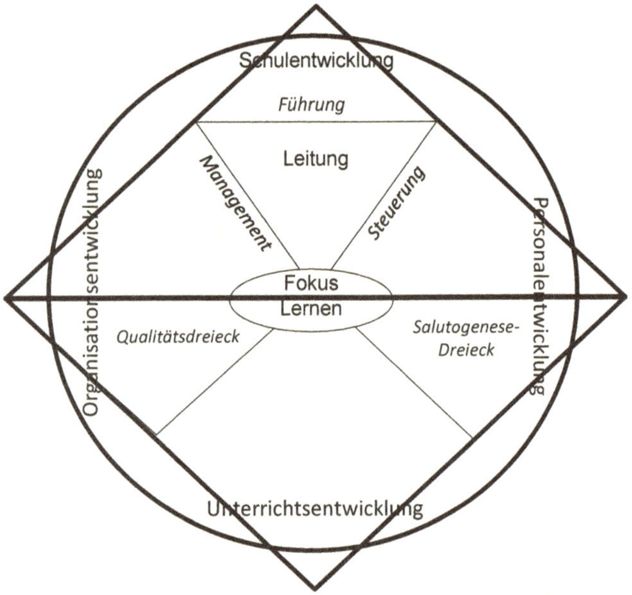

Abb. 4: Schulleitung als Quadratur des Kreises

Sie zeigt den Kreis, der die Schulleitung in ihrer Funktion als Schulentwickler repräsentiert, und das Dreieck, das die Schulleitung in ihren Leitungsfunktionen darstellt. Anstelle des hier eingesetzten Leitungsdreiecks (Führung, Management und Steuerung) kann man auch die Dreiecke aus Abb. 2 (Qualitäts-Dreieck) und aus Abb. 3 (Dreieck der Salutogenese) einfügen. Das erhöht die Komplexität, erhält aber die Übersichtlichkeit. Alles fügt sich zu einem Quadrat.

Die Quintessenz lautet: Schulleitung ist möglich. Und sie lohnt sich auch: Schulleiterin oder Schulleiter zu sein (oder zu werden), lohnt allein deshalb, weil empirische Untersuchungen des Instituts für Schulentwicklungsforschung (IFS) der TU Dortmund ergeben haben, dass Schulleitungen sich deutlich weniger vom Burn-out bedroht fühlen als Lehrpersonen (Bauer/Kanders 2000, S. 42 f.). Schulleiterin oder Schulleiter zu sein lohnt sich vor allem, weil Schulleitung nicht nur mehr Aufgaben erfüllen muss, sondern auch mehr als früher Gelegenheiten zur Gestaltung hat.

In den letzten 20 Jahre ist ein Musterwechsel des Konzepts von wirksamer Schulleitung festzustellen:

- Am Anfang stand das Konzept transformationaler Schulleitung. Das allerdings war klar auf Organisationsentwicklung und Change Management fokussiert und zeigte dabei auch Wirkung. Aber sie vernachlässigte den Blick auf Unterricht. Hattie hat dies in einer aktuellen Metaanalyse untersucht und so gut wie keinen Impact auf Schülerleistungen festgestellt (Hattie 2015).
- Dann kam das Konzept der instruktionalen SL auf. Es ist wirksamer in Bezug auf Schülerleistung. Aber dieser ist nicht groß. Zudem erwies sich dieses Konzept inzwischen als zu sehr auf Unterricht im Sinne von enger Instruktion bezogen und zu wenig auf das Lernen von Schülern.
- Heute beginnt sich das Konzept der holistischen SL durchzusetzen, das man auch konfluent, systemisch oder ganzheitlich nennen kann. Es ist auf Lernen bezogen, praktiziert einen breiten Lernbegriff und umfasst ganzheitliche Schul- und Unterrichtsentwicklung sowie Qualitätsmanagement. Es orientiert

sich an Delegation, Führung aus dem Hintergrund und salutogener Leitung, wie es Abb. 4 zeigt.

Es lohnt sich also in der Schulleitung zu wirken, um zu gestalten und zu steuern, um zielorientiert, partizipativ und die Personen stärkend zu führen, um das Management zu optimieren, die Lernleistung zu verbessern und die Erziehungs- und Schulkultur zu pflegen und eine Schule zu leiten, zu der Lehrerinnen und Lehrer sowie Schülerinnen und Schüler gerne hingehen.

Um mit der einleitend beschriebenen Koch-Metapher zu enden, soll das Bild vom Herd noch einmal aufgegriffen werden: Jede Leiterin und jeder Leiter kann sich aussuchen, welchen Topf sie oder er wohin stellt. Damit gibt es etliche Varianten, die eigene Rolle auszufüllen. Kaum ein anderer Beruf ermöglicht so viel individuelle Gestaltung. Die muss nicht über Jahre konstant bleiben: Töpfe können verschoben werden und Prioritäten neu gesetzt werden. Schule leiten wird nie langweilig. Weil niemand alles gleichzeitig gut machen kann, hat man viel Freiheit, das zu machen, was einem besonderen Spaß macht.

Schulleitung ist also ein unmöglicher Beruf mit unendlichen Möglichkeiten.

ZITIERTE LITERATUR

ANTONOVSKY, Aaron 1997: Salutogenese. Tübingen.

BAUER, Karl-Oswald/ Kanders Michael 1998: Burnout und Belastung von Lehrkräften. In: Rolff, Hans-Günter et al. (Hrsg.): Jahrbuch der Schulentwicklung. Bd. 10. Weinheim.

BERNFELD, Siegfried 2000: Sisyphos oder die Grenzen der Erziehung. Frankfurt/M.

BISCHOF, Linda Marie/Hochweber, Jan/Hartig, Johannes/Klieme, Eckhard 2013: Schulentwicklung im Verlauf eines Jahrzehnts – Erste Ergebnisse des PISA-Schulpanels. In: Zeitschrift für Pädagogik. 59. Beiheft S. 172-199.

BÖTTCHER, Wolfgang 2012: Zur Kritik des Regierens in der Schulpolitik. In: Hornberg, Sabine/Parreira do Amaral, Marcelo (Hrsg.): Deregulierung im Bildungswesen, Münster.

DUBS, Rolf 2016: Führung. In: Buchen, Rolf/Rolff, Hans-Günter (Hrsg.): Professionswissen Schulleitung. Weinheim. 4. Aufl.

GOFF, Peter/Guthrie, Edward/Goldring, Ellen/Bickmann, Leonard 2014: Changing principals' leadership through feedback and coaching. In: Journal of Educational Administration, Vol. 52, Iss 5 pp. 682-704.

GROCHLA, Ernst u. a. 1981: Entlastung durch Delegation. Berlin.

GROGAN, M. (Ed.) 2013: Educational Leadership – A Reader. San Francisco 3th Ed.

GRÜN, Oskar 1987: Delegation. In: Kieser Alfred u. a. (Hrsg.): Handwörterbuch der Führung. Stuttgart.

HARGREAVES, Andy/Fink, Dean 2005: Nachhaltige Entwicklung durch nachhaltige Schulleitung. In: Journal Schulentwicklung. Heft 2 S. 19-29.

HARAZD, Bea/Gieske, Mario/Rolff, Hans-Günter 2009: Gesundheitsmanagement in der Schule. Lehrergesundheit als neue Aufgabe der Schulleitung. Köln.

HATTIE, John 2013: Lernen sichtbar machen. Baltmannsweiler.

HATTIE, John 2015: High Impact Leadership. In: Educational Leadership 72 (February), pp. 36-40.

HUBER, Stephan/Rolff, Hans-Günter 2010: Delegation und System Leadership. In: Rolff, Hans-Günter (Hrsg.): Führung, Steuerung, Management. Seelze.

HUNDELOH, Heinz 2012: Gesundheitsmanagement an Schulen. Weinheim.

KEMPFERT, Guy 2016: Gemeinsamkeiten und Unterschiede von Leitung in Schule und Wirtschaft. In: Rolff, H.G./Teichert, J. (Hrsg.): Schulleitung in der Wissensgesellschaft. Weinheim.

KLEINBECK, Uwe 1996: Arbeitsmotivation. Weinheim/München.

LEITHWOOD, Keith/Louis, Karen 2012: Linking Leadership to Student Learning. San Francisco.

LUHMANNM Niklas 1983: Legitimation durch Verfahren. Frankfurt/M.

MARCH, James G. 1988: Decisions and Organizations. New York.

MARZANO, Robert/Waters, Timothy/McNulty, Brian 2005: School leadership that works. Alexandria.

ROLFF, Hans-Günter 1993: Wandel durch Selbstorganisation. Weinheim.

ROLFF, Hans-Günter 2010: Qualität mit System. Köln.

SCHULTEBRAUCKS-BURGKART, Gisela 2007: Schule leiten wie Großmutter

kochte. In: Buchen, Herbert/ Horster, Leonard/ Rolff, Hans-Günter (Hrsg.): Schulleitung und Schulentwicklung. Berlin, H. 33.
WEICK, Karl E. 1995: Der Prozess des Organisierens. Frankfurt/M.
WILPERT, Bernhard 1987: Führungstheorien – Entscheidungstheoretische Ansätze. In: Kieser, Alfred u. a. (Hrsg.): Handwörterbuch der Führung. Stuttgart.
WUNDERER, Rolf 2009: Führung und Zusammenarbeit. 8. Auflage. Köln.

Anhang
Ein Dutzend empfehlenswerter Schriften

ARNOLD, Rolf 2015: Wie man führt, ohne zu dominieren. 3. Aufl. Heidelberg.
BONSEN, Martin 2003: Schule, Führung, Organisation. Münster.
BUCHEN, Herbert/Rolff, Hans-Günter (Hrsg.) 2016: Professionswissen Schulleitung und Schulentwicklung. 4. Aufl. Weinheim.
BUROW, Olaf-Axel 2016: Wertschätzende Schulleitung. Weinheim.
DUBS, Rolf 2015: Die Führung einer Schule. 2. Aufl. Stuttgart.,
FULLAN, Michael 2014: The Principal. San Francisco.
HARVARD Business Manager 2016: HarvardKlassiker Führung. Hamburg.
HUBER, Stephan (Hrsg.) 2012 ff.: Jahrbuch Schulleitung. Köln.
LOHMANN, Armin 2013: Effektiv Schule führen. Köln.
RIECKE-BAULECKE, Thomas 2013: Schule leiten. München.
ROLFF, Hans-Günter (Hrsg.) 2010: Führung, Steuerung, Management. Seelze.
SCHRATZ, Michael/ Hartmann, Michael/ Schley, Wilfried 2010: Schule wirksam leiten. Münster.